Kolofon
©Mathias Jansson (2021)
"Di ångermanländska V – Till minne av Helge Broman."

ISBN: 978-91-86915-51-3

Utgiven av:

"jag behöver inget förlag"
c/o Mathias Jansson
Tvärvägen 23
232 52 Åkarp
http://mathiasjansson72.blogspot.se/

Tryckt: Lulu.com

Förord.

Det var med stor sorg vi mottog beskedet att vår kära vän och medarbetare Helge Broman (1925-2015) hade gått bort. Helge var en känd folklivsforskare i trakten och expert på den ångermanländska poesin. Efter sig lämnade han många spännande och oavslutade projekt som en påbörjade biografi om "Benätaren" Karl-Johan Johansson, en diktantologi om Elsa Söderberg, utkast till en essä om mysterierna kring det hemliga sällskapet Alkoholens Alkemister och mycket mera. Innan sin hastiga bortgång höll han på att sammanställa en ny antologin i serien "Di Ångermanländska". Vi beslutade oss ganska snabbt efter Helges död att färdigställa antologin. Vi är helt säkra på att det var vad Helge hade velat.

Det tog dock lång tid att sammanställa materialet, då det bestod av flera kartonger med diverse osorterade papper, anteckningar och annat material. För en oinvigd tog det en hel del tid att sortera, sätta sig in i och göra urvalet av materialet. Det tog också tid att kontakta berörda personer för att få tillstånd att publicera vissa texter. Alla vi kontaktade kände dock att det bästa sättet att hedra Helges livsgärning var att bidra till den här antologin. Därför är också en del av materialet helt unikt och publiceras här för första gången. Antologin är inte bara ännu en fantastisk del i serien "Di Ångermanländska" utan också en hyllning till Helge Bromans livsgärning och hans outtömliga kunskapskälla. Vi kommer att sakna dig Helge.

Bröderna Wikströms Opus magnum amore

Bröderna Wikström, tjuvskyttar, hembrännare, skrotsamlare och poeter. De två bröderna Enok och Elof levde isolerade i ett torp i Finnmarken. Personlig hygien, städning och social kompetens var inget som bröderna utövade, men de skrev fantastiska kärleksdikter som regelbundet publicerades i Hemmets Veckotidning under signatur BröW. Kvinnor från hela Sverige blev förälskade i dikterna och skickade passionerade kärleksbrev till den mystiska signaturen, men de få som lyckades hitta deras torftiga boning i urskogen, vände snabbt på klacken övertygade att något drivit med dem, när de såg de ovårdade bröderna och den misär de levde i.

En reporter från Hemmets Veckotidning fick i uppdrag att besöka bröderna för att göra ett hemma hos reportage om signaturen BröW. Under sin korta vistelse fick reportern ta del av den besynnerliga skrivprocess som ledde fram de vackra och romantiska dikterna som alla kvinnliga läsare dyrkade. Någon av bröderna hittade en lapp, kartong, servett eller vad som fanns till hand och skrev några rader, sedan lämnades lappen vind för våg någonstans i den stökiga stugan eller ute på gården. När den andra brodern råkade hitta den la han sedan till några rader och så fortsatte det tills dikten blev färdig, vilket kunde ta månader eller år. När någon av bröderna tyckte den verkade klar så skickades den in till tidningen i befintligt skick.

Något reportage blev det aldrig. Chefredaktören ansåg att det skulle vara redaktionellt självmord att publicera reportaget med fotografier av de ovårdade bröderna och deras minst sagt bohemiska livsstil. Istället anlitade man en fotomodell som fick uppträda som den mystiska poeten Bröw och artikeln skrevs om helt, med allehanda förskönande superlativ om den mystiska norrländska romantikern som levde i harmoni med naturen och litteraturen i sin idylliska stuga mitt i urskogen.

Efter brödernas död besökte Helge Broman torpet där de hade bott och lyckades hitta och rädda ett hundratal diktfragment bland allt skräp och bråte som de samlat på sig under sina liv. Fragmenten finns bevarade i en skokartong. Vi har valt ut några av dessa ofullbordade dikter för publicering.

Du är den hetta
den härd som håller mig varm
slut mig åter i din barm
håll mig hårt
i din kärleksfulla famn.

**

Som fåglar sjunger mitt hjärta
på trädens grenar
min kärlek förgrenar sig
ända ner i själens vener
där sjunger min eviga
längtan efter dig.

**

När jag ligger i min säng
och månens milda sken
smeker mitt ben
tänker jag på din hud
som är mjuk som ängsull.

**

Som blåbärsblått
är din ögon
som lingonrött
dina läppar
som hjortongult
ditt hår
i min hand ligger du
som en smakfull skogskompott.

**

När jag ser norrskenet
som ett brinnande band
på norra halvklotets valv
saknar jag dig
och känner hur
ensamheten griper tag
i min hand.

**

Du söta rådjursöga
som blixtrar till
i skogens snår
som ett skyggt skogsrå
står du i gläntan
och ser på mig.

**

När gryningens första strålar
speglar sig i daggens tårar
ser jag kärlekens alla färger
och tänker på dig.

**

Hela natten ligger jag vaken
och stirrar upp i taket
drömmer om dig
för som getingsocker
är du söt och lockande

**

Snöflingan som smälter
på kinden
och den svalkande
sommarvinden
påminner mig
om din hand
som strök min kind.

**

Som myrens morgondimma
som månens månskensskimmer
smyger sig minnet av dig
skyggt fram i skymningen.

**

Mitt hjärta har du fångat
det sitter och bultar
som en fluga fångad
i spindelns nät.

**

Som ett skrämt ekorrhjärta
slår hjärtat i mitt bröst
känslorna kilar snabbt
runt skogens stammar
jag håller andan
i det djärva hoppet
när telefonsignalen
når fram till dig.

**

När solens strålar skiner
genom björkens löv
och skapar ett skuggspel
av ett grönskimrande behag
då tänker jag på dig
och att det är en underbar dag.

**

Rimfrosten ritar hjärtan
på mitt fönster
andedräktens imma
blir till din gestalt
du är mitt allt
jag ser dig ansikte överallt.

Nikko Hirvenpääs - dikter från ett köldhål

Nikko Hirvenpääs släkt utvandrade från Österbotten i slutet av 1800-talet och slog sig ner i skogarna kring Getberget i trakterna runt Ullånger. Platsen valdes speciellt ut för sina mytomspunna vintrar som var stränga, långa och kalla. Ingen i släkten Hirvenpää var speciellt förtjust i värme, så man trivdes bra i detta köldhål. "Det är bara när blodet håller på att frysa till is som jag kan tänka klart." brukade Nikko svara när man fann honom sittande i en snödriva i kortbyxor och skjorta när det var minus 30 ute. Ja, det var när det var som kallast och mörkast under vintern som Nikko brukade skriva sina dikter. De hade ofta en nostalgisk tillbakablick till barndomens vintrar som han tyckte var ännu kallare.

Varje jul brukade Nikko skicka ett julkort med en av sina dikter till sin vän Helge Broman. Vi har här valt ut några julkort mellan åren 1972-1988 från Helges samling.

Julen 1976
Julen står och fryser
utanför dörren
vintern är som vanligt kall
men inte lika kall som förr
det river inte som isspikar
i luftrören när man andas
och fåglarna ligger inte
stelfrusna på marken
det går fortfarande
att gå ut på dasset
utan att förfrysa det heliga
och björnskinnsmössan ligger
fortfarande oanvänd på vinden.

Julen 1977

Det är ovanligt kallt i år
och snön ligger djup upp till taket
det enda jag gjort i veckan
är att skotta
och elda i kaminen
men det är inte lika kallt
som det året då jag var åtta
och tomten frys fast i skorstenen
det tog en vecka innan
han fick tillbaka känseln i kroppen
trots att vi hällde i han
en flaska varm Koskenkorva.

Julen 1978

Granen står så grön och grann i stugan
eller rättar sagt frostbiten och vit
och på grenarna hänger istappar
istället för julgranskulor
ja, som du förstår min vän
har vinterkylan slagit till igen
kölden har letat sig in i stugans alla vrår
ja, det är faktiskt riktigt kallt i år
men inte så kallt som på farfars tid
då man fick ha glödande kol
i munnen för att kunna andas.

Julen 1979

Efter en vecka med minus fyrtio
har kvicksilvret krupit upp till arton
ja, det är helt galt med vädret i år
snart börjar det väl töa
en sån värme har jag aldrig upplevt
man svetts så snart man går ut
jag börjar därför varje dag
med ett svalkande isbad
imorgon ha de lovat
att det ska bli minus trettio
det låter mer som det normala.

Julen 1980

32 grader visar termometern
det är kallt men inte så kallt
rena sommarvärme skulle farsan sagt
och satt sig på sjön och pimpla
barfota bara i badbyxorna
det hugger bäst skulle han ha sagt
när det är lite krispigt i luften
och fisken håller längre
när man drar upp den färdigfrusen.

Julen 1983

42 grader visar termometern
det är kallt men inte så kallt
som natten till den 2 februari 1964
då farsan skulle ut på morgonen
och hugga timmer i skogen
han började hugga på en storgran
när han hörde ett ljud från toppen
något föll ner mellan grenarna
först trodde han det var kottar
men så damp fåglarna ned
domherrar, sparvar och kråkor
en tjäder, en ripa och en ekorre
och till sist föll ett lo ner från granen
stelfrusen av nattens hårda köld.

Julen 1986

39 grader visar termometern
det är kallt men inte så kallt
som januari 1975
då jag tog en piss
bakom stugknuten på natten
då fick jag bryta av strålen
när jag var färdig
som en gul båge av is
blev strålen stående
fram till våren.

Julen 1988
38 grader visar termometern
det är kallt men inte så kallt
som på nyårsafton 1978
då vi sköt upp raketerna
och explosionerna
blev hängande på himlen
tills den 2 januari
då de tinade upp och försvann.

Invigningsriten för Alkoholens Alkemister

Före sin död höll Helge på att skriva en essä om Alkoholens Alkemister. Denna mytomspunna och hemliga hembränningssällskap, som grundades av Erik Nyman efter en uppenbarelse av ärkeängeln Gabriel, har länge varit en väl bevarad hemlighet för de oinvigda. Men med ett unikt tillstånd av Erik Nyman har vi möjlighet att publicera inledningen av essän som beskriver själva invigningsriten till sällskapet.

Mäskbroder din resa börjar
i gryningen den första dagen
ta det första steget på färden
men ryggen böjd av bördan
bär din hembränningsapparat
härifrån till vårt hemliga ställe
längs vägen glöm inte att plocka
de sju hemliga ingredienserna
längs skogens slingrande stigar

Vid hundraårsgranen vid Björnberget
hittar du en flaska myrstacksbrännvin
ta en rejäl sup, det är du värd
får nu är du halvvägs på din färd
och inne på andra steget

Innan solen gått ner bakom berget
måste du ha nått Jontes timmerkoja
där väntar vi på dig broder mäsk
med heligt socker och jäst
under natten som kommer
bjuder vi på brännvin
och på spökhistorier

Men i gryningen är det dags
att inleda det tredje provet
bygg ihop din hembränningsapparat
skarva kopparrören i den rätta vinkeln
blanda sedan broder mäsk
de rätta proportionerna av socker och jäst

Klä sedan av dig naken
för i sju dagar ska du prövas
i hettan och kylan
när du fjärde steget tar

I bastuns hetta ska du svettas
och i tjärnens kalla dop
renas för att återfödas
stärk dig med en rejäl sup
innan du med värmen åter förenas

Varje dag ska du lägga
en av ingredienserna
i apparatens heliga inre
du ska hålla lågan vid liv
och värmen stabil
det är det femte steget
på din lärlingstid

På sjätte dagens gryning
måste du syndfulla tjänare
bekänn alla dina synder
inför ärkeängeln Gabriel
det är sjätte steget
för att rena din själ

på din brännvinsfärd

På den sjunde dagen
sker det slutliga provet
tappa upp den klara vätskan
ur apparaten och smaka
ser du efteråt klart
har du klarat provet
men blir du blind
är prövningen över
och du får ensam
vandra hemöver

De sju spritbröderna ska sedan
avsmaka och bedöma
vätskan i spetsglasets kärna
får du beröm
ska du med enbärskrans krönas
och det heliga spetsglaset
med dina initialer belönas
nu kan du sätta dig ner
vid bordet
och välkomnas in i sällskapet
som vår nya supbroder.
Gutår!

Luffar Lars fula visor

Folklivsforskarens samlingar innehåller även inslag som av vissa betraktas som mer opassande och oanständiga, som kategorin fula visor. Den fula visan utgör dock en viktig del av den folkliga föreställningsvärlden. Luffar Lars som gick runt i bygden på 50-talet och försörjde sig på att slipa knivar och sälja diverse erotiska vykort och kärleksdrycker, var känd för sina oanständiga och erotiska visor. Ibland tittade han förbi hos Helge och efter att ha fått ett par supar innanför västen brukade han sjunga några av de visor som han var känd för. Helge brukade spela in visorna på sin rullbandspelare och från dessa band har vi valt ut några visor som vi har transkriberat.

Var är drulingen min?
Och gubben sa till unga frugan sin
Har du sett drulingen min?
Nej, svarade den unga frun
drulingen din har jag inte sett
men jag ska genast leta
och den unga frun letade
och kom strax tillbaka och sa
Är det här drulingen din?
Nej, sa gubben det är hammarn min

Och gubben sa till unga frugan sin
Har du sett drulingen min?
Nej, svarade den unga frun
drulingen din har jag inte sett
men jag ska genast leta
och den unga frun letade
och kom strax tillbaka och sa
Är det här drulingen din?

Nej, sa gubben det är fogsvansen min

Och gubben sa till unga frugan sin
Har du sett drulingen min?
Nej, svarade den unga frun
drulingen din har jag inte sett
men jag ska genast leta
och den unga frun letade
och kom strax tillbaka och sa
Är det här drulingen din?
Nej, sa gubben det är skruvmejseln min

Och gubben sa till unga frugan sin
Titta i fickan min
kanske har jag har lagt drulingen min
i fickan min
och den unga frun letade i fickan
och drog ut gubbens pitt och frågade
Är det här drulingen din?
Ja, sa gubben det är drulingen min
Vad ska du med den till? frågade unga frun
Jag ska stoppa drulingen
i hålet mellan dina lår

Då sa den unga frun till gubben sin
inte passar drulingen din
i hålet mitt
jag har redan provat
med prästens och smedens pitt
de var mycket grövre
och passa därför bättre i hålet mitt.

Ungmön och apotekaren

Ungmön gick in på apoteket och sa
det kliar så förfärligt i kussimurran min
kom bakom disken sa apotekaren
så jag få jag se på kussimurra din
och ungmön gick bakom disken
och lyfte upp kjolen
och apotekaren han sa
vänta så ska jag ta fram klipinnen min
så känns det snart bättre i kussimurran din
och ungmön stöna och sa
att det var skönt
men det kliar fortfarande i kussimurra min
gå till prästen sa apotekaren
han kan hjälpa dig med kussemurran din.

Ungmön gick till prästen och sa
det kliar så förfärligt i kussemurran min
kom in i sakristian sa prästen
så jag få jag se på kussemurran din
och ungmön gick in i sakristian
och lyfte upp kjolen
och prästen han sa
vänta så ska jag ta fram klipinnen min
så känns det snart bättre i kussemurran din
och ungmön stöna och sa
att det var skönt
men det kliar fortfarande i kussemurran min
gå till smeden sa prästen
han kan hjälpa dig med kussemurran din.

Ungmön gick till smeden och sa
det kliar så förfärligt i kussemurran min

kom in i smedjan sa smeden
så jag få jag se på kussemurran din
och ungmön gick in i smedjan
och lyfte upp kjolen
och smeden han sa
vänta så ska jag ta fram klipinnen min
så känns det snart bättre i kussemurran din
och ungmön stöna och sa
att det var skönt
men det kliar fortfarande i kussemurran min
gå hem till mor och far sa smeden då
och smörj salva på kussemurran din.

Efter nio månader gick ungmön
till apotekaren och sa
det spänner så förfärligt i magen min
kan du hjälpa mig
som du hjälpte mig med kussemurran min
Men apotekare han sa
Jag kan inte hjälpa dig
gå till prästen han kan kanske hjälpa dig

Efter nio månader gick ungmön
till prästen och sa
det spänner så förfärligt i magen min
kan du hjälpa mig
som du hjälpte mig med kussemurran min
Men prästen han sa
Jag kan inte hjälpa dig
gå till smeden han kan kanske hjälpa dig

Efter nio månader gick ungmön
till smeden och sa

det spänner så förfärligt i magen min
kan du hjälpa mig
som du hjälpte mig med kussemurran min
Men smeden han sa
Jag kan inte hjälpa dig
gå hem till mor och far de kan kanske hjälpa dig
men ungmön gick inte hem
utan gick och dränkte sig.

Lisa och näcken

Unga Lisa gick till sjön för att sig tvaga
då kom Näcken och ville henne taga
Vänta sa Lisa jag är ännu bara barnet
och klen och platt om barmen
vänta på storasystern min
som är bredare om baken
Då väntar jag på syster din
sa Näcken och dök i sjön

Lisas syster gick till sjön för att sig tvaga
då kom Näcken och ville henne taga
Vänta sa Lisas syster
jag är visserligen bred om baken
men ännu bara barnet
vänta istället på mor min
som är bredare om barmen
Då väntar jag på mor din
sa Näcken och dök i sjön

Lisas mor gick till sjön för att sig tvaga
då kom Näcken och ville henne taga
Kom du bara din slusk sa Lisas mor
så ska du på klappträet få smaka

och Näcken kastade sig över Lisas mor
men fick då klappträet smaka
så han blev öm över hela baka
Näcken dök ner i sjön
och vågade sig aldrig mer tillbaka.

En usling till karl
Far, far sicken usling till karl
jag mötte i skogen idag
en sån luring till karl
han visade mig sin druling
far, far åh vet du vad han sa
en sån fuling till karl
att han kunde trolla bort
sin druling i ljusa dag
far, far han sa
att visa jag framstjärten jag
så kunde han få den att försvinna
en så luring han var
men det va vad han sa
så jag visa framstjärten jag
då stack han drulingen
i framstjärten min
far, far en sån usling han var
men så skönt det var
men sen så såg jag
att drylingen inte var kvar
far, far ett sånt trolleri det var
men när han sen gick sin väg
då såg jag att drulingen
fortfarande hängde kvar
far, far, en sån luring till karl
som jag mötte i skogen idag.

Helena Broman - Copernicus öga

Helge Bromans mor Helena Broman var en lärd kvinna som intresserade sig för vetenskaplig forskning och som korresponderade med många kända vetenskapsmän och kvinnor runt om i världen. Mindre känt är hennes poetiska gärning. Bland alla oavslutade projekt hade Helge en idé att ge ut en bok med sin mors dikter. Nu blev det aldrig av, men vi har iallafall tagit med några av Helenas dikter i denna antologi som en aptitretare på vad som finns att upptäcka för framtida generationer.

Copernicus öga
lyser strålande och klart
på himlens mitt
det är tankens kraft
som leder dig rätt
min son följ Copernicus öga
till universums mitt
vandra längs vetenskapens vägar
låt dig inte förledas
av dogmernas stelna idéer
och auktoritära stofiler
följ inte lögnernas irrbloss
längs okunskapens stigar
nej låt dig ständigt ledas
av Copernicus brinnande öga.

**

Historiens trasor
åker skytteltrafik
genom framtidens varp
tiden väver väven tät
av alla mina minnen

Så blir trasor av ett liv
till en brokiga matta
som värmer stegen
för framtida generationer

Vi leva så väl vi kunna
vi samlar våra minnen
fragment av glädje och sorger
och när livet väven
knyter samman
så ser vi ett brokigt motiv
av en människa liv.

**

I vårens fåror
lägger jag fröna
för den som sår ska skörda
så gäller också kunskapens gröda
det barn vars tankar fritt får växa
och som flitigt gör sin läxa
ska på ålderns höst
plocka kunskapens frukter
från vishetens dignade träd.

**

Nils-Johan Johansson och Cthulhu-sviten

Ett av de mer sensationella fynden i kartongerna med material från Helge Broman var en sliten svart anteckningsbok. Döm av vår förvåning när vi öppnade den och på försättsbladet kunde läsa namnet Nils-Johan Johansson. Vi vet inte hur eller när anteckningsboken hamnat i Helges ägo, men efter kontakt med Helges gamla vän Nathana Slavontanislosky, som bland annat arbetar för det rumänska skivbolaget Shvartur Draconium records, där Nils-Johan Johansson var verksam som producent fram till sitt mystiska försvinnande efter en resa i Irak 2003, fick vi tillstånd att publicera delar av anteckningsboken. Det material vi valt att offentliggöra ingår i den så kallade Cthulhu-sviten, medan nyare material som rör Johanssons arbete med olika musikband får vänta till framtiden.

Johansson var i sin ungdom ett stort fan av H.P. Lovecrafts universum och skrev en hel del dikter som var inspirerade av Lovecrafts myter. Här under återfinns ett stort urval från Cthulhu-sviten. Eftersom engelska är ett så pass vanligt språk idag har vi valt att behålla dikterna i originalutförande. Vi vill ogärna förstöra dikternas sublima nyanser som så lätt försvinner i en översättning.

Seven patients
Seven patients left behind
in an abandoned asylum
seven sick souls
to evil for our society
to evil to let out

You perhaps think
the solution was drastic
unethical and inhumane

Seven patients locked in the cellar
left behind a bricked-up wall
left behind to a cruel destiny
every trace erased
every record deleted
seven patients forgotten by history

Sixty years have passed
the old Victorian building
restoring to its glory and beauty
the jackhammer making room
for the new plumbing
when the wall collapse
reveals a dark void
a buried secret
a room not on any drawings

A room with white concrete walls
filled with strange images
obscure texts
and scars on the wall
from desperate fingernails

On the moist soil a circle
a circle with seven mushrooms
I cannot explain why
but I bent down and picked one up
and put it in my mouth

My mind exploded
like my brain was put in a mixer
a bad trip on LSD and mescaline
a nightmare of perverted visions
a saw a city of green
a green colour
that I have never seen before

I was falling fast in my dream
to a square in a circle
filled with climbing creatures
filled with dark horror
in the realm of insanity
a nest of winding tentacles
and in the middle stood seven men
a glimpse on their faces
was to look down an abyss
of infinite insanity

Two weeks later I woke up
in the hospital bed
shocked and afraid
still remember
the seventh patient's last word
Cthulhu...

The legacy of Thurber
The fire was burning in the fireplace
I felt sleepy
tired after a hard day's work
ordered by my employer
to get there early, a Saturday morning
as a solicitor my duty was urgently needed
in a complicated legacy case
after the late Mr Thurber

When I arrived the house was empty
sinister and dark
the interior filled
with strange art objects
and disturbing paintings on the walls

I started at once
sat down at the old oak desk
in the library
filled with obscure art books
in front of me laid a thick monograph
titled Pickman's Pandemonium

I worked my way throw
piles of papers
legal document and contracts
felt more and more unease
the creeping feeling
of being watched
but the room was empty and silence

The dark had fallen outside
and I lit the fire

to chase away the cold shadows
taking a pause in my work

I sat down in the comfort armchair
and stared at the strange painting
on the wall in front of me
a horrifying red eyed monster
cannibalizing on a human body

I must have fallen asleep
because I was haunted by a dream
old tunnels filled with ancient horror
haunted and afraid I ran
throw a labyrinth under the city
I felt the present of
lurking creatures in every corner
until I finally found a room
a studio with an easel
covered with a white sheet
curious I approached
and pulled down the sheet

I stared at the painting
of a nameless blasphemy
when it started to move
stretched its bony claws
after my throat
I woke screaming with fear
and God as my witness
I swear the monster on the painting
in front of me had shifted position

The lost Island of Hy-Brazil
I was born as the seventh son
of the seventh son
and on the third cycle
of my seventh year
I had to leave home
to seek my fortune alone

I took hire on a fishing boat
leaving the coast of west Ireland
when a terrible storm
drifted us of course
and on the seventh day
a mysterious island
emerged from the fog
an island in the sea
where no island should be

We had to seek shelter
on the barren beach
covered with black lava stones
and white skeletons parts
of unknown beasts

We found remains of a lost civilisation
ruins of buildings and structures
and a steep stair leading us
to the mountain's peak

In the extinct volcano crater
stood an altar of green stone
engraved with an ancient celtic hymn
a dedication to Cthylla

the secret daughter of Cthulhu
waiting to be reborn
as her father

But our present must have disrupted
the fragile balance of the sacred place
we could feel the mountain
wake under our feet
trembling and rumbling

With fear for our life
we ran done to our boat
leaving the island behind
exploding in a fierce eruption

When I looked back
I swear on my mother's grave
a horrible sight I saw
from the ashes and fire
a giant creature raised
its tentacle head.

The wedding at R'lyeh
At the monastery Saint Catherine
we found an old palimpsest
with layer of layer with old text
erased and replaced

On molecular level
we could recreate
an ancient writing
barely readable
in obscure Sumerian

A poem that filled
our souls with
a creeping feeling
of beauty and horror

We are unable to retell
what we found
our minds cannot
combine the scenes
grasp the strange feelings
without losing our senses
only fragments, a dream sequence
can we describe for you

It's about a wedding in R'lyeh
guest from stars
and other dimensions
the fusion of
the Nameless Mist
and the Dream-Death

We felt endless love and beauty
when unlimited horror
entered the scene
a shadow of chaos
from the void
and, no, I cannot go on
the visions are too strong
my mind will go insane

In our minds
we will always hear
the annoying wedding song
chanting in the background
"Ph'nglui mglw'nafh Cthulhu
R'lyeh wgah'nagl fhtagn."

The Cthulhu X-files

Chan Hol X - Act #7

We buried her deep
forever forgotten we thought
outside the gates of R'lyeh
but they found her
divers diving in the caves
all over social media
images of their discovery
circulated

We had to act
to prevent the humans
to find out her true identity
we must keep them in oblivion
and ignorance
the truth is too shocking
for their simple minds

We will bring her skeleton back
beyond the veil of madness
to her final rest
at her father's side
in the snake abyss of Yig

So rest in peace
our dear mother
daughter of Eve
your poison will prosper
forever in our veins
your serpent sons.

Ludwig Leichhardt (1813 – 1848) - Act #28

A yellowed letter in an old book
a last message from Leichhardt
telling they finally reached Uluru

For a week they have excavated
a secret chamber
filled with aboriginal myths
about the Great Old Ones

In the light from the fire
he writes about his hope and fears
how he can hear the local guides
whispering in horrors
about Ayi'ig
serpent eyes and tentacles
and the devilish howling of Kurpannga
who guards the gates to Yog-Sothoth

They will leave him in the morning
taking the letter with them
alone he will cut down
the last stone wall
and crawl into the unknown

But the ancient aboriginal signs
a final warning on the wall
is gnawing at the back of his mind
knowing he has read the lines before:

"Before me there were no created things,
  Only eterne, and I eternal last.
  All hope abandon, ye who enter in!"

Benjamin Spooner Briggs (1835-1872) - Act #95
The crew salvaged the lifeboat
on the prow barely readable
the name bleached by wind and sea
Mary Celeste

The search the boat
found it empty
except marks in the wood
a desperate message
scratched by bloody nails
filled with insane horror

"From the depth
octopus monstrous man
taking them all
the stench
of indescribable horror
in the night sky
aurora australis
filled with haunted visions
a city of nauseous perspectives
and unspeakable creatures
crawling on the streets
driven my mind mad

For days I have drifted
haunted by nightmares
God have mercy on my soul
B.B."

Epilogue - Benjamin Spooner Briggs (1835-1872) - Act #95b
A lost cylinder
from Edison's first phonograph
an original recording
a seance with Madame Blavatsky
her dark voice calling
spirits to come through
sound of a table shaking
chandeliers clattering
like brittle voices of angels

And then inhuman screams
voices of unknown sources
silence
suddenly a weak voice
filled with tears and fear
-Help me please..

With unsteady voice
Madame Blavatsky speaks
demanding the spirit
to name itself
and its purpose

-Briggs, Benjamin
a prison of R'lyeh
a voice whispering
-I have seen him hibernating
in the great green city
his servant of abomination
guards me
they haunt my mind
with unknown horror

wait...they are coming

A cacophony of strange sounds
a chilling scream
of an insane human
and then, silence

After a moment of dead quite
Madame Blavatsky upset voice:
-Edison the record
must be destroyed
not a living soul
must ever know
what the spirit told
the legend of Cthulhu
must be untold.

Yda Hillis Addis (1857-1902) - Act #113

Insane! Insane!
the could hear her voice
echoing between the walls
when she draws her lines
ancient Mexican signs
on the cold stone floor

Mumbling in extinct languages
stories and legends
collected during her many trips
into the wilderness
about shadows and dreamwalkers
visitors from other worlds

From the walls a thick mist
started to pour
filling the room
a smoke filled with fear
as the asylum fire alarm
started to sound

When they forced the door
Yda Addis was gone
disappeared as the smoke
all that was left
was a madman's scribble on the floor

But if they had lifted their eyes
seen the world from a bird's sight
their mind would have been filled
with fear of the hideous portrait
of Ny-Rakath.

Percival Harrison Fawcett (1867 –1925) - Act #156
Climbers found his body
near the peak of Gangkhar Puensum
caught in a twisted rigor mortis
with horror still in his eyes

It was an enigma how his remains
turned up in the kingdom of Bhutan
thousands of miles from
Dead horse camp

His notebook with fragments
gave no clue
it was the writing of a desperate man
suffering from acute mountain sickness
filled with drawings of strange buildings
based on non-Euclidean architecture
notes that referred
to the scrolls of Cambuluc
and the name Aiueb Gnsha
covering every page

But the last entering made me shiver
like a last clear insight before death:
"So close to Z
but the mountain of madness
will take my soul
before I reach my goal
I can see the lights
in the dark cold
and hear their calls:
Ph'nglui mglw'nafh Cthulhu
R'lyeh wgah'nagl fhtagn"

The lost poems of Pnakotus

Dedication
Happy birthday
Yethith all knowing
guardian of wisdom
librarian of Pnakotus

Your being is present
in the past and the future
you have travelled
every time and dimension
but home sweet home
as you use to say

The council salutes you
on this big day
with this gift of honour
a rare poem
dreamed by the court poet Hvardukim

A fragment of the secret songs
of the seven stones
attributed to Tru'nembra
the flautist of Azathothr

The dream
Resting in the void
I was dreaming
my deepest fear laid
chained in a box of stone

Chaos a shadow of fear
the glimmering rainbow of unknown
a burned serpent of death
over the endless pond of Ygh

I see the visitors from the depth of space
the unknown beings of the beginning
comes and leaves
their treasures
their prisoners
and their wisdom
in the labyrinth of Uluru

The first secret I know
is the key to be found
behind the two ponds
with salty tears

Behind the door
is no floor
the emptiness is filled
with white stones

Hold the stone of wisdom
in your right claw
follow the centipede
into the realms of grey

and reach the existence
between fantasy and insanity
and before your eyes
the forgotten palace of Uluru
once again will rise
in its glory

But be aware of the box of stone
the prison of the outer one
expelled beyond space and time
resting in an endless nothingness
the dark being of chaos
and unmentioned horror
the terrible Nyarlathotep
sleeping in the box of stone
waiting for the word
which will create his world
of unnamed fear.